D1722613

Alte Wetterfahnen

Fotografiert und beschrieben
von
Siegfried Börtitz

E. A. Seemann Verlag Leipzig

Was wollen Bergsteiger am alten Rathaus? Verwundert bleiben die Passanten stehen. Auch Reporter mehrerer Zeitungen finden sich ein. Doch bald sieht man die Bergsteiger mit Seilen und Leitern aus den Turmöffnungen kommen: Sie steigen auf die Turmhaube und klettern dann am Blitzableiter weiter in die Höhe. Mit einer Eisensäge werden nun die verrosteten Reste der einstigen Wetterfahne abgetrennt. Wie alt mag sie wohl gewesen sein? Und welche Form hatte sie einst? Nur von wenigen bemerkt, drohten diese schweren eisernen Teile schon seit langem von der hohen Turmspitze herabzustürzen. Sie hätten spätestens beim nächsten Sturm für das Dach wie für die Fußgänger eine ernsthafte Gefahr dargestellt. Ein Gerüst wäre in diesem Fall viel zu aufwendig gewesen. So konnte durch den bergsportlichen Einsatz – weder der erste noch der letzte seiner Art – viel Geld gespart und vor allem eine Un-

fallquelle beseitigt werden. Doch wer schaut schon auf eine Wetterfahne und wer hätte diese vor dem Verfall schützen können?

Was sich in so luftiger Höhe bewegt, ist meist dem Auge recht fern. Und wozu braucht man jetzt noch Wetterfahnen, wird mancher fragen. Vergessen scheinen sie heute zu sein. Sagen wir besser: zu wenig beachtet, wo sie noch erhalten blieben oder restauriert wurden und sich wie in alten Zeiten im Wind drehen. In einer Beschreibung aus dem Jahr 1728, die sich in Grimms Deutschem Wörterbuch findet, ist die Wetterfahne »ein auf hohen Gebäuden, an einer gerade aufwärts gestellten eisernen Stange gerichtetes Blech in Gestalt eines Hahns oder Fähnleins, an dessen Bewegung man sehen kann, wo der Wind herkömmt ...«. Schon im Altertum hatte man erkannt, daß die Windrichtung wichtige Hinweise auf das zu erwartende Wetter zu geben vermag. So ersann man einfache Windweiser unterschiedlicher Form, die an geeigneten, möglichst hohen Stellen angebracht wurden. Die guten Informationen, die uns heutzutage in Form von Satellitenaufnahmen, Wetterkarten und -vorhersagen bequem ins Haus übertragen werden, lassen vergessen, wie man sich jahrhundertelang Naturbeobachtungen und die Anzeige der Windrichtung hierfür zunutze machte. Auch die früher auf dem Lande weit verbreiteten »Wetterregeln« sind heute in vielen Gebieten längst nicht mehr geläufig, obgleich sich eine Reihe von ihnen im Sprachgebrauch noch erhalten hat. Neben vielerlei anderen Naturerscheinungen spielte dabei auch der Wind eine gewisse Rolle, doch mehr bezüglich seiner Häufigkeit und Stärke, seltener wohl hinsichtlich der Richtung. So hieß es beispielsweise: »Wetter und Wind ändern sich geschwind«. In der Riesaer Gegend sagte man: »Nach Südwind folgt in 24 Stunden oder 3 Tagen Regen« und

»Kommt der Wind aus dem Morgen, braucht der Bauer nicht um gut Wetter sorgen«. Ein Spruch aus dem Eichsfeld lautete: »Nordwinde im August bringen beständig Wetter«.

Ihrer Aufgabe gemäß müssen Wetterfahnen dem Wind frei zugänglich angebracht sein, aber auch so, daß sie von verschiedenen Stellen aus gut sichtbar sind. Kirch- und Rathaustürme boten sich aus diesem Grund schon von alters her als Träger einer zentralen Windanzeige besonders an. Sie übernahmen dann später, nach dem Einbau von Turmuhren, auch die Aufgabe der allgemeinen Zeitangabe. Gleichzeitig aber wollte man auf der Turmspitze noch ein für den jeweiligen Ort oder für das betreffende Gebäude charakteristisches Zeichen mit dem weit sichtbaren Windanzeiger vereinen. Zu diesem Zweck gab man der Wetterfahne vielfältige Formen: Jahreszahlen, Stadtwappen oder symbolhafte Ornamente, auch Figuren wurden aus dem Blech herausgearbeitet bzw. als selbständige Teile hergestellt und zusammengefügt. Dabei hat die Art der Gestaltung im Laufe der Zeit, doch auch regional, viele bemerkenswerte Varianten erfahren.

Die Geschichte der Wetterfahne läßt sich rund zwei Jahrtausende zurückverfolgen. Als eine der ältesten, von der wir Kenntnis besitzen, wird ein Windrichtungsanzeiger auf dem »Turm der Winde« unterhalb der Akropolis in Athen beschrieben. Dieser steinerne achteckige Turm von rund 12 m Höhe ist noch jetzt erhalten. Er stellte einst eine Mehrzweckeinrichtung dar und enthielt eine Sonnenuhr, eine Wasseruhr sowie eine Vorrichtung zum Anzeigen der Windrichtung. Diese soll die Form eines Tritons gehabt haben, dessen Schweif sich nach dem Wind einstellte. Dieser, offenbar aus Metall hergestellte Triton zeigte dann mit einem Stab auf eine der acht in Stein gehauenen Windgott-

heiten. Viel später erst wird häufiger von »eisernen und bronzenen Fahnen« berichtet. Sie gehen auf Stoffwimpel und -fahnen zurück, wie sie schon in alten Zeiten Türme zierten und noch heute vielerorts farbenfroh im Winde wehen.

Was uns erhalten blieb, restauriert oder neu geschaffen werden konnte, das sind im wesentlichen Wetterfahnen aus den letzten vier Jahrhunderten. Türme und Dächer von Kirchen, Stadttoren, Rat- und Bürgerhäusern in vielen Ländern wurden auf diese Weise geschmückt. In Dörfern ist ihre Verbreitung noch vielseitiger als in der Stadt. In diesen vier Jahrhunderten lassen sich verschiedene Entwicklungen und Wandlungen bei der Gestaltung der Wetterfahnen erkennen. Ihr ursprünglicher praktischer Zweck, die Windrichtung anzuzeigen, trat allmählich zurück. Volkskundliche Sinnzeichen, heraldische Elemente und dem jeweiligen Baustil zugehörige Verzierungen bestimmten nunmehr zunehmend ihre Form. Schließlich wurde die Wetterfahne eine zum Gebäude gehörige Verzierung, die wichtiger erschien als anzuzeigen, »wo der Wind herkömmt«.

Wie die Wirtshaus- und Handwerksschilder, die meist an langen Auslegern befestigt wurden und gegen die helle Hauswand bzw. gegen den Himmel zu sehen sind, so wirkt auch die Wetterfahne als Schattenbild und hebt sich, ganz gleich ob dunkel oder goldglänzend, flächenhaft vom Himmel ab. Beiden gemeinsam ist, daß sie fast stets eine Fülle bemerkenswerter Einzelheiten enthalten, die wir beim Vorübergehen aber kaum beachten.

Schon die Figuren des alten ostasiatischen Schattentheaters sollten den Blick auf das Wesentliche konzentrieren. In hartem Kontrast hoben sich die dunklen Figuren vom hellen Hintergrund ab; nur wenige Durchbrüche innerhalb der kunstvoll gearbeiteten Umrisse gaben zusätzliche Einzelheiten wieder.

Erst viel später erfreuten sich derartige Schattenbilder allgemeiner Verbreitung und verschiedener Anwendungsmöglichkeiten. Sie erhielten schließlich eine neue Bezeichnung: Silhouette. Benannt wurde sie nach dem einstigen französischen Finanzminister Etienne de Silhouette. Unterschiedliches wird über den Zusammenhang zwischen ihm und dem Schattenbild berichtet. Einerseits vermutet man, daß er selbst die Herstellung derartiger Bilder betrieb und förderte. Eine andere Version nimmt an, daß man sich infolge seiner harten Steuerforderungen keine Ölgemälde mehr, sondern nur noch einfache Schwarzweißbilder leisten konnte. Wie dem auch gewesen sei, diese Schattenbilder waren sehr beliebt, besonders zur Goethezeit, und fanden große Verbreitung. Sie wurden schließlich zur Psaligraphie, d. h. der Ausschneidekunst, dem Scherenschnitt weiterentwickelt. Diese Kunst gibt es bis heute, und schon früher war sie durchaus nicht nur auf Jahrmärkten vieler Länder anzutreffen und keineswegs auf Porträts beschränkt.

In der Fotografie entwickelte sich die Silhouetten-Aufnahme zu einem speziellen, ausdrucksstarken Gestaltungsmittel. Unsere Umgebung läßt uns allerlei Gegenstände in Natur, Technik und Architektur als Silhouette erscheinen. Durch weitgehenden oder vollständigen Wegfall von Halbtönen erhalten sie einen besonderen Ausdruck. Das können die Konturen einer Landschaft im Gegenlicht der auf- oder untergehenden Sonne sein, aber auch die Umrisse einzelner Bauwerke oder eines ganzen Stadtbildes. Dabei tritt die Form von Türmen und von architektonischen Details durch den Helldunkel-Kontrast ungewöhnlich deutlich hervor.

Als Silhouette, also gegen das Licht betrachtet, zeigt die Wetterfahne am besten die Umrisse ihrer Gestalt und alle als Durchbruch gearbeiteten Einzelheiten; sie erscheint dabei als einheitliches Stück. Und doch ist sie fast stets aus mehreren Teilen zusammengesetzt. Wohl gibt es ältere Wetterfahnen, die aus einem Stück Blech geformt, teilweise durchbrochen und lediglich noch mit Drehangeln versehen wurden. Aber der Wunsch nach Einarbeitung möglichst vieler, oft recht diffiziler Einzelheiten erforderte besonderes handwerkliches Können.

Auf jeden Fall ist die Herstellung des figürlich gestalteten und mit Inschriften versehenen Fahnenbleches eine schwierige Arbeit, vor allem, wenn auch kleinere Figurenteile oder Verzierungen gut zu sehen sein sollen. Dies zu erreichen, gibt es zwei Wege, die gelegentlich sogar gemeinsam genutzt wurden und werden. Der eine besteht darin, möglichst dünnes Eisen- bzw.

Kupferblech zu verwenden, das sich leicht bearbeiten läßt. Seine Stabilität reicht jedoch nicht aus, ohne weitere Stütze den Launen von Wind und Wetter standzuhalten. Man fügt es deshalb in einen aus kräftigerem Material gefertigten Rahmen – das sogenannte Reifeisen – ein, an dem auch die Drehangeln befestigt sind. Da das Blech dünner ist als die Rahmenteile, wird es auch rascher durch Korrosion zerstört, es sei denn, man hat es verzinkt, lackiert oder vergoldet. Oft kann man das allmähliche Verschwinden von Details – Jahreszahlen, heraldischen Formen, Inschriften – beobachten, vor allem bei älteren, dünnen Eisenblechen. Zuletzt bleiben dann nur noch der Rahmen sowie einstige Versteifungen übrig. Doch selbst noch der leere Rahmen erweist sich manchmal als beachtenswertes schmiedeeisernes Kunstwerk.

Ein anderer Weg, detailreiche Fahnenbleche herzustellen, ist das Zusammensetzen mehrerer separat angefertigter Teile bzw. Figuren. Sie werden auf ein »Quereisen« aus stärkerem Material aufgenietet, eventuell auch gegenseitig mit Bandeisen verbunden. Bei Turmhähnen beispielsweise sind nicht selten die Schwanzfedern einzeln auf den Rumpf aufgenietet. Figuren oder Verzierungen am Rand der Fahne können in gleicher Weise einzeln angefertigt und befestigt sein. Bei Wetterfahnen in Gestalt von Segelschiffen werden die Taue durch Drähte unterschiedlichen Durchmessers dargestellt. Auch die in Schlitze des Fahnenbleches eingefügten Inschriften bestehen meist aus einzeln anmontierten Buchstaben bzw. Ziffern. War dabei z. B. ein i-Punkt erforderlich, so wurde über dem betreffenden eingelegten Buchstaben ein Loch in das Fahnenblech gebohrt. Lockern sich bei älteren Wetterfahnen die Niete oder lösen sich die Drähte, so fallen die entsprechenden Figurenteile bzw. Zeichen heraus.

Besonderes Augenmerk gilt der Gewichtsverteilung, denn Wetterfahnen müssen vom Aufbau her unsymmetrisch sein. Auf der einen Seite (Leeseite) bildet das mehr oder weniger schwere Fahnenblech die Windangriffsfläche. Um die Lagerreibung so weit wie möglich zu verringern, bedarf es nicht nur sinnreich konstruierter, einfacher und wartungsarmer Lager, sondern auch eines Gegengewichts auf der Luvseite. Es wird oft als Kugel, Pfeil oder in anderer Form gestaltet, fehlt aber bei manchen älteren Wetterfahnen.

Beachtenswert ist die verschiedenartige Anordnung von Inschriften im Fahnenblech. Es gibt Wetterfahnen, bei denen die Zahlen nur dann seitenrichtig lesbar sind, wenn die Leeseite (also das Fahnenblech) vom Beschauer aus nach rechts zeigt. Andere Inschriften wiederum können nur dann richtig gelesen werden, wenn sich die Fahne nach links gedreht hat. Verzierungen wie Spiralformen, Sterne und Kugeln finden sich nicht nur an der Luvseite von Wetterfahnen, sondern häufig auch auf der Spitze der Stange (auch Spille oder Spindel genannt), um die sich die Fahne dreht. Kunstvoll geschwungene Voluten (schneckenförmig gerollte Zierelemente) aus Bandeisen wurden nicht allein an der Wetterfahne selbst angebracht, sie dienen oft auch zur formschönen Verstrebung der Stange mit dem Dachfirst.

Es wäre jedoch nicht richtig, die Wetterfahne ausschließlich als Silhouette zu beschreiben. Wohl ist es die häufigste Art, sie so zu sehen; auch im fotografischen Bild kommen auf diese Weise die Umrisse am besten zur Geltung. Obgleich die meisten Wetterfahnen bewußt oder unbewußt auf diesen Silhouetten-Effekt zugeschnitten sind, so hat doch auch die Betrachtung von der Sonnenseite ihr Recht. Glänzend, ja oftmals blendend, fallen vergoldete Wetterfahnen, vergoldete in eiserne Rahmen eingelegte Bleche, goldene Sterne auf der Spitze oder der vergoldete Turmknopf auf. Diese Art der Beschichtung unterliegt jedoch mechanischen Einflüssen, so daß in größeren Abständen eine Erneuerung erforderlich wird. Andere Farbgebungen sind seltener. Sie sollen dann vor allem auf geschlossenen Fahnenflächen noch mehr zum Ausdruck bringen als dies durch Kontur oder Durchbrüche möglich ist. Ein schönes Beispiel hierfür stellt die wolkenförmige Wetterfahne auf dem Turm der Nikolaikirche in Leipzig dar. Bei kleineren Wetterfahnen können Farben die Figuren oder Teile von ihnen zusätzlich beleben.

Im auffallenden Licht erkennbar werden auch technische Details, wie z. B. die auf der Rückseite angebrachten Versteifungen aus Bandeisen und die Niete, mit denen Bleche am Rahmen oder Teile aufeinander montiert sind.

Schließlich wird so auch die durch Korrosion angegriffene Oberfläche des Fahnenbleches (»Narbenkorrosion« eiserner Fahnen) sichtbar.

Die Variationsbreite der Gestalt des Fahnenbleches, von dessen meist als Durchbruch gearbeiteten Binnenformen sowie der beigefügten Schmuckelemente ist erstaunlich groß. Turmhähne und als Drachenkopf gestaltete Wetterfahnen gehören neben den Stadtwappen zu den ältesten Typen, die uns erhalten sind. Beziehungen zum jeweiligen Gebäude, dessen Erbauer oder Besitzer wurden mittels Inschriften, verschnörkelter Jahreszahlen oder Initialen kenntlich gemacht. Es ist aber in vielen Fällen nicht leicht, derartige Buchstaben oder Jahresangaben richtig zu deuten, zumal die Daten nicht immer mit dem Baujahr des Gebäudes identisch sind. Sie können auch an Erneuerungen nach Bränden, bauliche Erweiterungen, Restaurierungen oder andere historische Ereignisse erinnern.

Später kamen kirchliche Symbole hinzu, aber vielerorts auch Darstellungen von Tieren, Handwerk und selbst Verkehrsmitteln. Dorfschmied, Müller und Bauer sind typische dörfliche Motive, die in den letzten hundert Jahren in recht unterschiedlichen Ausführungen entstanden; Jäger und Feuerwehrmann lassen sich ebenfalls mehrfach nachweisen. Bei den Tieren dominiert das Pferd, es ist auch heute noch auf Wetterfahnen in Dörfern anzutreffen. Wetterfahnen in Gestalt von Schiffen sieht man vor allem in Orten an der Nord- und Ostseeküste. So drehen sich Segelschiffe unterschiedlichen Typs im Wind, manchmal phantasievoll ausgeschmückt. Auch Fische als Wetterfahne finden sich an der Küste. Sie wurden zum Teil aus Holz gefertigt, da dieses gegenüber der salzhaltigen Seeluft beständiger ist als Metall.

Selbst die nüchterne, oft in Serie betriebene Fertigung von Wetterfahnen um die letzte Jahrhundertwende weist interessante Formen auf, die von schlichten Fahnen mit einer Jahreszahl bis hin zu Fabelwesen reichen. Insbesondere die Jugendstilornamente sind sehens- und erhaltenswert. Einzelstücke wurden gelegentlich sogar von Architekten entworfen und dem eigenwilligen Stil mancher Bauwerke angepaßt. In dieser Periode wurde die Wetterfahne zur Zierfahne, zu einer kleinen schmückenden Beigabe auf Giebeln und Türmchen der in der Gründerzeit entstehenden Reihenhäuser und Villen. Auf die heutigen Hochhäuser passen Wetterfahnen wohl kaum noch. Aber es gibt eine Reihe von Gebäuden wie Schulen, Kindergärten, Eigenheime und sogar Gartenhäuser, wo relativ »junge« Wetterfahnen mit originellen Darstellungen anzutreffen sind. Und es werden – man kann sagen, weltweit – seit wenigen Jahrzehnten Wetterfahnen auf historischen Gebäuden erfreulicherweise wieder restauriert oder durch Kopien ersetzt. Einige Kupfer- und Kunstschmiede sowie andere Handwerker haben sich auf diese schöne Aufgabe spezialisiert.

Besonders interessante Zeugen der Vergangenheit sind Wetterfahnen, die Symbole aus der für heutige Generationen kaum noch vorstellbaren Zeit des Aberglaubens enthalten. Gefahrabweisende und heilsbringende Zeichen hatte man seinerzeit an verschiedenen Gebäudeteilen angebracht. Man verwendete diese Symbole aber auch zur Gestaltung von Wetterfahnen und deren schmückenden Beifügungen. Dadurch brachte man sie an die höchste Stelle des Gebäudes. Hier ist in erster Linie der Drachenkopf zu nennen, der als offener, meist mit furchterregenden Zähnen bestückter Rachen dargestellt wurde. Er bildete entweder die gesamte Fläche des Fahnenbleches oder nur dessen äußersten Teil. Der Drache sollte Schaden abwehren; man meinte, Böses hielte Böses fern. Außer Wetter-fahnen gestaltete man z. B. auch Wasserspeier an Brunnen oder Dachsimsen als Drachenkopf. Der Sechsstern, als Durchbruch in der Fahnenfläche oder auf der Spitze der Stange, sowie das Sechsspeichenrad gehören ebenfalls dieser Zeit an. Als der Aberglaube jedoch später an Bedeutung verlor, wurde auch der Drachenkopf wieder einfacher. An seine Stelle trat entweder eine geschweifte zweizipflige Fahne, oder der Drache wurde im Umriß nur noch angedeutet (besonders auf Kirchtürmen): ihm fehlen nun die Zähne, und das Auge – einst vielfach als Sechsstern ausgebildet – ist nun die Ziffer einer Jahreszahl oder fehlt ganz. Als Beispiel einer modernen Gestaltung eines gerade noch erkennbaren Drachenkopfes, dessen Maul als nach innen gerichteter Fisch geformt ist, sei die Wetterfahne auf der Bergkirche in Crock bei Suhl (Thüringen) genannt.

Auf Kirchen sind Schiff und Fisch als religiöse

Symbole zu verstehen. Die Anfangsbuchstaben der griechischen Worte für »Jesus Christus, Gottes Sohn, Erlöser« ergeben aneinandergereiht das griechische Wort für »Fisch«. Eine als Fisch gestaltete schöne Wetterfahne mit diesen als Durchbruch enthaltenen Buchstaben finden wir z. B. auf dem Turm der Kirche in Pölzig bei Gera (Thüringen; Abb. S. 70).

Um 1750 beschäftigte sich der nordamerikanische Staatsmann, Schriftsteller und Naturwissenschaftler Benjamin Franklin mit der elektrischen Natur des Blitzes. Den ersten Blitzableiter – er war zum Schutz des Wohnhauses des Kaufmanns West in Philadelphia bestimmt – soll Franklin im Jahr 1760 errichtet haben. Die Blitzschutzanlage auf dem Jacobiturm in Hamburg war, wie uns berichtet wird, offenbar die erste in Deutschland. Doch schon wenig später begann man sich auch in mehreren anderen Landesteilen für diese »nützliche und unersetz-liche Erfindung«, wie es bereits damals hieß, zu interessieren. Zu den ersten, die auf verschiedenen Gebäuden Blitzableiter errichteten, gehörte beispielsweise Johann Jacob Hemmer, der Leiter des Physikalischen Kabinetts in Mannheim. Kirchtürme, Rathäuser, Schlösser, aber auch Pulvermagazine und andere Bauwerke wurden mit diesen sogenannten »Wetterstangen« versehen. Es handelte sich dabei in erster Linie um Gebäude, die wegen ihrer Bedeutung, ihrer exponierten Lage bzw. der Höhe besonders blitzgefährdet und deshalb schützenswert erschienen. Bald ergaben sich nun auch recht wechselhafte Beziehungen zwischen dieser neuen Erfindung und der Wetterfahne. Aus zeitgenössischen Berichten geht hervor, wie man die vierkantigen oder runden eisernen Stangen auf den Türmen oder Dächern montierte. Sie erhielten manchmal sternförmig verzweigte Spitzen und wurden teilweise mit Kreuzen, Kugeln und Wetterfahnen verziert. Dadurch bekamen die höchsten Stellen der betreffenden Gebäude neben der »nützlichen«, jedoch wenig ansehnlichen technischen Einrichtung einen zusätzlichen Schmuck. Schon vorhandene Wetterfahnen hat man ebenfalls mit dem Blitzableiter vereinigt.

Der Wunsch, die höchste Erhebung von Bauwerken für verschiedene Zwecke zugleich zu nutzen, kann vor allem bei Kirchtürmen ein Problem darstellen: Zum einen will man dort oben ein christliches Symbol, in der Regel ein feststehendes Kreuz, anbringen. Dann soll aber auch der Turmhahn oder eine inhaltsreiche Wetterfahne an diesen Platz. Und schließlich möchte noch die Spitze des Blitzableiters bis in diese Höhe geführt werden! Diese möglichst dreifache Nutzung der Turmspitze hat teilweise zu eigenartigen Kombinationen und Konstruktionen geführt, und nicht immer erhielt dabei

die Wetterfahne den ihr gebührenden Platz. Dem Wetterhahn begegnet man teils so, daß er sich über dem festen Kreuz dreht, gelegentlich ist er auch unterhalb des Turmkreuzes drehbar angeordnet. Bei dem Turmhahn der Kirche zu Pärnu (Estland) wurde das obere Ende des Blitzableiters mit zwei waagerechten Haltern an der Stange des Wetterhahnes – unter diesem – befestigt; es steht so weit seitlich, daß sich der Hahn frei drehen kann und überragt ihn. Ähnlich ist man auch bei dem Hahn auf der Johanniskirche zu Riga verfahren. In Amsterdam kann man mehrfach beobachten, daß sich auf dem Dachfirst Ziergitter befinden. An deren einem Ende steht eine Wetterfahne (häufig mit der Darstellung eines Schiffes oder eines Wappens), am anderen aber der etwas höhere Blitzableiter.

Der Hahn, auf Klöstern und Kirchen ursprünglich unbeweglich und nach Osten blikkend, wird seit rund tausend Jahren drehbar auf den Turmspitzen angebracht. Damit wurde er zu einer Wetterfahne, dem »Wetterhahn«. Er ist auch heutzutage in manchen Landesteilen relativ häufig anzutreffen, nicht nur auf Kirchtürmen, sondern sogar auf Gartenlauben. Meist ist er auf die Stange der Wetterfahne »aufgespießt« oder ohne deren obere Fortsetzung aufgesteckt; die größere Fläche von Körper und Schwanzfedern bildet dabei die Windangriffsfläche. Andere Hähne sind dagegen in voller Gestalt seitlich der Stange angeordnet.

In der Mythologie vieler Völker hat der Hahn eine besondere Bedeutung. Er ist vor allem das Sinnbild der Wachsamkeit und der Künder des Tagesanbruches, auch sollen durch sein Krähen böse Geister vertrieben werden. In der christlichen Symbolik erinnert er an die Prophezeiung Jesu, daß Petrus ihn dreimal verleugnen werde, noch ehe der Hahn kräht. Als Turmhahn begeg-

net er uns in Gedichten (Wilhelm Busch, Eduard Mörike), Romanen und Liedern. Hier sei nur die erste Strophe des Liedes »Der Schneider Jahrestag« erwähnt:

> Zu Regensburg auf der Kirchturmspitz'
> da kamen die Schneider z'samm.
> Da ritten ihrer neunzig,
> ja neunmal neunundneunzig
> auf einem Gockelhahn.

Die Wetterfahne auf einem Gotteshaus kann aber auch selbst die Gestalt eines christlichen Symbols oder einer Heiligenfigur haben. Meist wurde dann auf Jahreszahlen bzw. andere historische Angaben verzichtet, sofern sie nicht noch zusätzlich eingefügt werden konnten. Solche Heiligenfiguren als Wetterfahnen trifft man relativ oft in dem Gebiet zwischen Magdeburg und Erfurt an, vereinzelt auch in anderen Landesteilen. Der Posaunenengel gehört ebenfalls zu den Motiven, die nicht nur vielgestaltig sind (stehend, schwebend), sondern in bestimmten Gegenden, z. B. in Thüringen, häufiger vorkommen als anderswo. Erwähnt seien schließlich noch Stücke mit historischen oder biblischen Texten, für deren Einfügung in das Fahnenblech bis zu sechs Zeilen erforderlich waren. Auf hohen Türmen sind solch kleine Schriften jedoch von unten meist kaum noch erkennbar.

Normalerweise besitzen exponierte Zierelemente wie Wetterfahnen infolge ihres weniger beständigen Materials und wegen ihrer schwierigen Wartung eine wesentlich kürzere Lebensdauer als die Gebäude selbst, auf denen sie sich befinden. Doch gibt es auch Beispiele, daß Wetterfahnen nach Bränden oder anderweitigen Zerstörungen von Bauwerken noch lange erhalten blieben. So waren auf der Ruine des Dresdener Schlosses noch 1990 – 45 Jahre nach dem Luftangriff vom Februar 1945 – drei Wetterfah-

nen zu sehen, zwei davon auf den Ecktürmen des kurz vor der letzten Jahrhundertwende errichteten Südflügels. Ihre grüne Farbe zeigte, daß sie wie die Turmhauben aus Kupferblech gefertigt wurden. Weniger bekannt war eine dritte, ältere Wetterfahne auf dem Giebel eines ausgebrannten Treppenhauses an der Nordfassade des Schlosses (Abb. S. 73). Bei dem inzwischen begonnenen Wiederaufbau des Dresdner Schlosses berücksichtigte man erfreulicherweise auch diesen Turmschmuck: Als erster erhielt im Oktober 1988 der südwestliche Eckturm eine neu angefertigte Haube mit einer neuen Wetterfahne. Ein anderes Beispiel ist das alte Sebnitzer Rathaus, das 1854 abbrannte. Dessen Wetterfahne, ein Hirsch (das ist das Stadtwappen), konnte seinerzeit aus dem Brandschutt geborgen werden. Sie kam dann zunächst auf ein anderes Gebäude und wurde schließlich in das dortige Heimatmuseum aufgenommen.

Gerade Schlösser und Burgen gehören – landesweit – zu den Bauwerken, auf deren Türmen man Wetterfahnen erwartet, die weithin sichtbar sind und von der Geschichte des betreffenden Gebäudes zeugen. So schreibt E. T. A. Hoffmann in seinem Märchen »Das fremde Kind«: »Nun weiß aber doch jedermann, daß ein Schloß ein großes hohes Gebäude sein muß mit vielen Fenstern und Türen, ja wohl gar mit Türmen und funkelnden Wetterfahnen ...«. Die wechselvolle Geschichte solcher Bauten und die damit oft verquickte Veränderung in den Besitzverhältnissen oder in der Zweckbestimmung spiegelt sich in Alter und Gestalt ihrer Wetterfahnen sowie deren Inschriften wider. Auch Tore und Türme einstiger Stadtbefestigungen sind häufig von Wetterfahnen bekrönt. Nicht immer haben sie ein so ehrwürdiges Alter wie diese Bauwerke, und einfache Formen oder heraldischer Inhalt herrschen hier vor. Weit

leuchten zum Beispiel die vergoldeten quadratischen Wetterfahnen des White Tower in London oder die auf den Türmen der Kreml-Mauer in Moskau sowie ähnliche auch in Susdal. Vorrechte des Adels für bestimmte Formen von Wetterfahnen in Frankreich oder königliche Privilegien für deren Aufstellung in Schweden bedeuteten in früheren Jahrhunderten zeitweise eine gewisse Einschränkung. In vielen anderen Ländern kannte man dagegen keine solchen Gebote.

Zur Wetterfahne in den Dörfern muß noch etwas mehr gesagt werden. Dachreiter von Dorfkirchen, Dächer von Schmieden, Mühlen, Scheunen und Bauernhäusern sind Plätze, wo sich noch vor einem halben Jahrhundert eine Vielzahl schöner Wetterfahnen im Wind drehte. Die Höhe dieser Gebäude ist im allgemeinen niedriger als die städtischer Bauten, die dörfliche Wetterfahne dem Auge somit näher. Ihre

Zahl hat leider stark abgenommen, und der verbliebene Bestand bedarf verstärkter sachkundiger Pflege. Von vielen interessanten, aber längst verschwundenen Exemplaren haben wir nur noch durch Zeichnungen oder Beschreibungen früherer Heimatforscher Kenntnis. Ein typisches Motiv ist die Darstellung des Bauern, der mit seinem Pferd und dem Pflug dem Wind entgegen die Furche seines Ackers zieht. Solche Wetterfahnen sind vor allem in Sachsen und Ostthüringen anzutreffen. Sie wurden vor rund 50 Jahren auch als Serie angefertigt, von der jetzt noch etwa 50 Stück in Funktion sind (Abb. S. 85). Man konnte diese Figur seinerzeit sogar kombiniert mit Jahreszahl und den Anfangsbuchstaben des Namens des Käufers bestellen; die Installation erfolgte in Verbindung mit der Blitzschutzanlage fast stets auf Scheunen von Bauernhöfen.

Daneben gibt es aber auch viele Einzelanferti- gungen von Wetterfahnen mit der Darstellung bäuerlicher Tätigkeit. Sie sind meist wesentlich älter als die eben Genannten und nur noch in verhältnismäßig wenigen Exemplaren erhalten. Statt nur eines Pferdes sind dabei zuweilen zwei vor den Pflug gespannt. Und die qualmende Tabakspfeife eines pflügenden Bauern in einer Wetterfahne in Hausdorf bei Dresden erfreut auch heute noch den Wanderer als humorvoller persönlicher Einfall. In einer anderen Wetterfahne, im Süden Dresdens, waren Landarbeiter mit ihren Arbeitsgeräten zu sehen, darunter auch der Dreschflegel. Wissen die Jüngeren von uns noch, wie ein Dreschflegel aussah und wie er funktionierte? In vielen Varianten finden sich Darstellungen von Pferden als Wetterfahnen auf Bauerngehöften sowie Hufbeschlag-Szenen auf Dorfschmieden. All das sind wertvolle Zeitdokumente der landwirtschaftlichen Technik, die sich in der relativ kurzen Spanne seit Entstehen der letzten Wetterfahnen dieser Gruppe und unseren Tagen außerordentlich entwickelt hat. Auf diese Weise bieten die Motive unserer ländlichen Windweiser sozusagen ein kleines Dorfmuseum auf dem Dach. Es lohnt sich, etwa einmal die wenigstens dem Städter wohl kaum noch bekannten Arbeitsgänge beim Hufbeschlag in ihrer unterschiedlichen Darstellung näher zu betrachten. Mit viel Kunstsinn wurden die einzelnen Figuren gestaltet, damit sie recht lebensnah wirken. Und auf der Dorfkirche sollte man die Wetterfahne nicht nur auf dem Turm bzw. Dachreiter suchen: Oft befindet sie sich stattdessen (manchmal auch zusätzlich zu der auf dem Turm) am Ende des Kirchendaches; hoch gewachsene Bäume verdecken hier gelegentlich die Sicht.

Wetterfahnen auf Schulen und Kindereinrichtungen oder an Spielplätzen zählen gestalterisch zu den jüngsten ihrer Art. Kinderbezogene Motive, insbesondere aus der Märchenwelt, erfreuen nicht nur die Kinder. Solche Wetterfahnen auf den überwiegend niedrigen Gebäuden ziehen die Blicke stets erneut auf sich, wenn sie vom Wind immer mal wieder in eine andere Richtung gedreht werden. Max und Moritz, die sieben Schwaben, Zwerge, sowie Schüler und Lehrer sind einige der leider nicht sehr zahlreichen Exemplare. Doch viele Schulen, vor allem aus der Zeit um die letzte Jahrhundertwende, begnügten sich mit einer einfachen Wetterfahne, die uns nur das Baujahr verrät. Bei Fahnen auf derartigen Gebäuden findet sich neben streng sachlicher Gestaltung nicht selten auch ein wenig Humor. Doch dieser bleibt weitgehend unbemerkt, wenn man die Figuren nicht mit einem guten Fernglas in Ruhe betrachten kann. Der Schüler, der früh das rechtzeitige Aufstehen verpaßt hat und nun rennen muß – natürlich gegen den Wind –, um nicht zu spät zum Unterricht zu kommen, war mehrfach Gegenstand der Gestaltung von Wetterfahnen. Ein besonders schönes Exemplar ist auf dem Uhrtürmchen der 75. Oberschule in Dresden-Leutewitz zu sehen (Abb. S. 74). Es wurde 1982 restauriert und stellt einen Schüler mit seiner Schiefertafel dar. Viele, die diese Fahne kennen, werden aber vielleicht nicht bemerkt haben, daß der Junge in der Eile nur einen Schuh angezogen hat; am anderen Fuß trägt er noch den Pantoffel! Die Schiefertafel mit dem an einem Faden daran befestigten Schwamm ist sicher nur noch den Älteren von uns vom praktischen Gebrauch aus den ersten Schuljahren her bekannt. Wetterfahnen mit einer solchen Darstellung sind somit – ähnlich wie das für bestimmte landwirtschaftliche Motive schon gesagt wurde – ein interessantes geschichtliches Dokument, ein Stück Schulmuseum auf dem Dach. Auch so etwas verdient stärkere Beachtung. Insgesamt gesehen und verglichen mit anderen Gebäudegruppen ist jedoch die Anzahl zweckentsprechender Wetterfahnen auf Schulen und Kindereinrichtungen relativ klein. Man sollte zur Freude der Kinder durchaus Neuanfertigungen mit geeigneten Darstellungen empfehlen.

Da Wetterfahnen zur Gewährleistung ihrer eigentlichen Aufgabe möglichst hoch angebracht werden müssen, sind sie dem bloßen Auge viel schwerer zugänglich als andere historische Sachzeugen. Kunsthandwerkliche Feinheiten, Inschriften, Jahreszahlen oder Verzierungen sind in vielen Fällen sogar mit dem Fernglas nur mühsam zu erkennen. Es läßt sich auch nicht in jedem Fall leicht entscheiden, ob es sich bei einer »alten« Wetterfahne wirklich um das Original handelt. Von historischen Wetterfahnen wurden schon vor mehr als hundert Jahren getreue Kopien hergestellt, wenn die ursprüngliche defekt oder auf irgend eine Weise unbrauchbar geworden war. Alle Feinheiten hat man dann genau nachgestaltet. Heutzutage wählt man für das Fahnenblech wetterbeständigeres Material oder eine entsprechende Oberflächenvergütung. Manchmal konnte bei Restaurierungen ein Teil der alten Fahne wiederverwendet werden. Das betrifft beispielsweise kupferne Fahnenbleche in Gestalt von Stadtwappen, die dann in einen neuen Rahmen mit erneuerten Drehangeln eingesetzt werden. Besonderen Wert legte und legt man auch darauf, nach Reparaturen an Turm, Dach oder Wetterfahne die betreffende neue Jahreszahl den schon vorhandenen noch hinzuzufügen, doch nicht immer fand sich dazu ein geeigneter Platz. Schließlich hat man aber bei vielen Neuanfertigungen in den letzten Jahrzehnten keine Rücksicht auf die einstige Gestalt der Fahne genommen und ein völlig neues Motiv entwickelt. Liebevoll restauriert und neu vergoldet werden

oft auch blecherne Sterne, die auf der Spitze der Stange angeordnet sind und die zu den magischen Schmuckformen zählen.

Wonach soll man den Wert von Wetterfahnen bemessen? Allein nach ihrem Alter? Oder nach dem Namen des – in den meisten Fällen aber gar nicht bekannten – Meisters, der sie einst schuf? Nach ihrer künstlerischen Gestaltung? Diese Gesichtspunkte dürften noch nicht ausreichen, denn es gibt zahlreiche Motive, die eine zum Zeitpunkt der Herstellung kaum beachtete Alltagserscheinung sehr rasch zu einem historisch wertvollen Bilddokument werden ließen. Als Beispiele hierfür wurden bereits solche aus Landwirtschaft und Schulwesen genannt. Auch die Wandlungen der Form des Fahnenbleches und der beigefügten Verzierungen parallel zum Wechsel der Stile des dörflichen und städtischen Bauens gehören hierher. Und wenn nicht nur Kirch- und Rathaustürme oder Bürgerhäuser mit Wetterfahnen geschmückt wurden, sondern auch Fabriken, Silos und technische Einrichtungen und ihre Aufstellung selbst separat im Freien und sogar auf Felsgipfeln erfolgte, so möchte man fragen, wo die Grenze ist zwischen Volkskunst, Berufsreklame, baulicher Verzierung und meteorologischem Instrument. Sicher sollte hier nicht einseitig und voreilig geurteilt werden. Und man darf vor allem nicht die filigranen Werke alter und neuer meisterlicher Handwerkskunst übersehen, ganz gleich, ob der Dorf- oder Kunstschmied oder ein anderer geschickter Handwerker ihre Schöpfer waren.

Da ihre ursprüngliche Zweckbestimmung heutzutage kaum noch Bedeutung hat, geraten Wetterfahnen vielerorts in Vergessenheit, darunter auch solche von besonderem historischem oder künstlerischem Wert. Und selbst dort, wo sie in Städten und Dörfern noch mehr oder weniger zahlreich anzutreffen sind, ist ihre Le-

benszeit von begrenzter Dauer. Durch ihren ständigen Kontakt mit Wind und Wetter wurden viele von ihnen von Stürmen geknickt, infolge mechanischer Schäden oder durch Korrosion ihrer Beweglichkeit beraubt bzw. von der Oberfläche her allmählich zerstört. Ihr einstmals relativ reicher Bestand wird auch dadurch vermindert, daß bei Dachreparaturen oder beim Entfernen von Türmchen und anderem Zierat, der heutzutage solche Arbeiten erschwert, Wetterfahnen mit verschwinden. Mangelnde Pflege und zum Teil vielleicht auch zu geringes Interesse begünstigten ihren zahlenmäßigen Rückgang in neuerer Zeit. Bilddokumente dieser technisch-historisch-volkskundlichen Sachzeugen besitzen deshalb einen besonderen Wert. Sie mögen auch zur Anregung dienen, dieser zu wenig beachteten Kleinkunst mehr Aufmerksamkeit zu widmen und Freude am schönen Detail zu erwecken.

Etwa seit der zweiten Hälfte des vorigen Jahrhunderts sind in mehreren Werken über Architektur und über Schmiedekunst Abbildungen einiger bemerkenswerter Wetterfahnen aus verschiedenen Ländern zu finden. Seit der gleichen Zeit erschienen vereinzelt auch in heimatkundlicher Literatur Zeichnungen und Beschreibungen interessanter Exemplare von örtlicher Bedeutung. Später waren es meist Lehrer oder Heimatforscher, die sich in regionaler Begrenzung ihrer Wandergebiete gelegentlich diesem Zweig alter Volks- und Handwerkskunst widmeten. In neuerer Zeit rüsteten sich verschiedenenorts einige Heimatfreunde mit entsprechender fotografischer Technik aus und spezialisierten sich auf ein mehr oder weniger umfangreiches »Sammeln« von Wetterfahnen mit unterschiedlicher Zielstellung nach landschaftlichen, volkskundlichen, handwerklichen, historischen oder ästhetischen Aspekten.

Wohl fanden viele Wetterfahnen in Heimatmuseen Aufnahme, doch meist sind dort nur einzelne Exemplare ausgestellt.

Wilhelm Busch schildert in seiner humorvollen Art das Schicksal eines Wetterhahnes, dessen Aufgabe, die Windrichtung anzuzeigen, ihm letztlich selbst zum Verhängnis wird:

Wie hat sich sonst so schön der Hahn
auf unserm Turm gedreht
und damit jedem kundgetan,
woher der Wind geweht.

Doch seit dem letzten Sturme hat
er keinen rechten Lauf;
er hängt so schief, er ist so matt,
und keiner schaut mehr drauf.

Jetzt leckt man an den Finger halt
und hält ihn hoch geschwind.
Die Seite, wo der Finger kalt,
von daher weht der Wind.

Ja, wer schaut heute schon noch zum Wetterhahn oder zur Wetterfahne? Die mannigfaltigen
Pflichten des Alltages lassen wohl – so meinen
wir – kaum noch Zeit, um betrachtend bei
Schönheiten der Natur oder der Architektur zu
verweilen. Und doch gibt es hier so Vieles,
besonders auch an »kleinen Dingen«, was mehr
als eines nur kurzen Blickes wert ist.

Nähere Erklärungen zu den folgenden Abbildungen sind auf den Seiten 89 bis 95 zu finden.

Bautzen (Sachsen),
Reichenturm

25

Quedlinburg (Sachsen-Anhalt),
Stiftsgebäude

Kirchohmfeld (Thüringen),
Kirche

Stralsund
(Mecklenburg-Vorpommern),
Heiligengeistspital

Schmiedeberg (Sachsen),
Kirche

Golberode (Sachsen),
Bauernhof

Klingenberg (Sachsen),
Kirche

Jänickendorf (Brandenburg),
Kirche

Pulsnitz (Sachsen),
Rathaus

Königsee (Thüringen),
Rathaus

32

Halberstadt (Sachsen-Anhalt),
Wohnhaus

Magdala (Thüringen),
Kirche

Walldorf (Thüringen);
Kirche

Orlishausen (Thüringen),
Kirche

Richtenberg
(Mecklenburg-Vorpommern),
Kirche

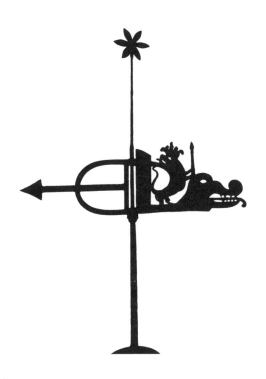

Barchfeld (Thüringen),
Kirche

Dresden-Niedersedlitz
(Sachsen),
Wohnhaus

Neustadt/Dosse (Brandenburg),
Kirche

Großenehrig (Thüringen),
Kirche

Rabenau (Sachsen),
Kirche

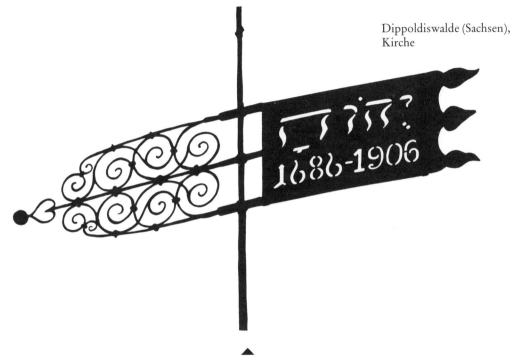

Dippoldiswalde (Sachsen),
Kirche

Wiek/Rügen
(Mecklenburg-Vorpommern),
Kirche

Ehre sei Gott in der Höhe

Herrengosserstedt
(Sachsen-Anhalt),
Kirche

Halberstadt
(Sachsen-Anhalt),
Martinikirche

Heiligenstadt
(Thüringen),
Kapelle

Neubrandenburg
(Mecklenburg-Vorpommern),
Kapelle

Zinnowitz/Usedom
(Mecklenburg-Vorpommern),
Reisebüro

Lenz (Sachsen),
Kirche

St. Gangloff (Thüringen),
Kirche

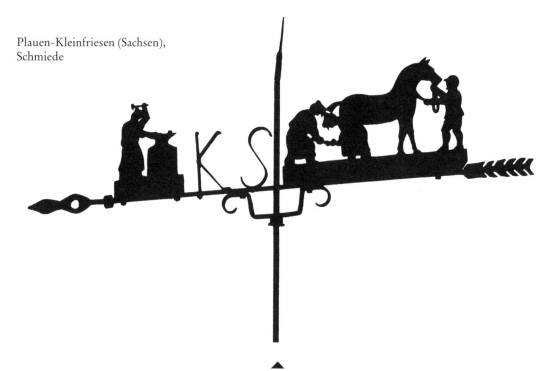

Plauen-Kleinfriesen (Sachsen),
Schmiede

Jonsdorf (Sachsen),
Schmiede

A 1936 M

Radebeul (Sachsen),
Schloß Hoflößnitz

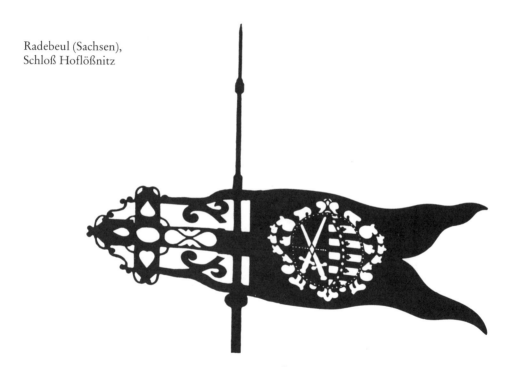

50

Glauchau (Sachsen),
Kirche

▲
51

Dresden-Tolkewitz (Sachsen),
Bauernhof

Görzig (Brandenburg),
Schmiede

Berthelsdorf (Sachsen),
Bauernhof

Baßlitz (Sachsen),
Bauernhof

Waren
(Mecklenburg-Vorpommern),
Fabrik

Meiningen (Thüringen),
ehem. Bäckerei

Wernsdorf (Sachsen),
Bauernhof

1875-1911.

Quatitz (Sachsen),
Feuerwehrhaus

Dresden-Blasewitz (Sachsen),
Wohnhaus

Niedergurig (Sachsen),
Wohnhaus

Radebeul (Sachsen),
Garage

Breitungen (Thüringen),
Rat der Gemeinde

Langenhessen (Sachsen),
Bauernhof

Dresden-Kleinpestitz
(Sachsen)

Dresden-Kaitz (Sachsen),
Weinberghäuschen

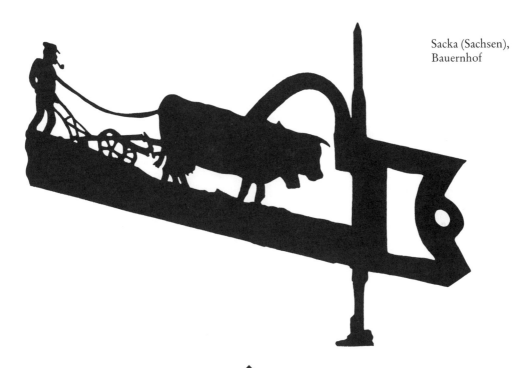

Sacka (Sachsen),
Bauernhof

Saßnitz/Rügen
(Mecklenburg-Vorpommern),
Seemannsheim

Zinnowitz/Usedom
(Mecklenburg-Vorpommern),
Pension

Ahlbeck/Usedom
(Mecklenburg-Vorpommern),
Standuhr

Meißen
(Sachsen),
Haus am Elbufer

Griesbach (Sachsen),
Schule

66

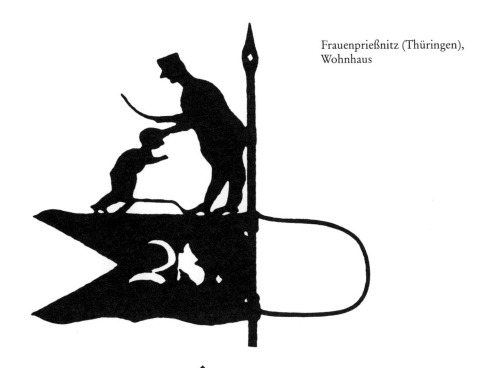

Frauenprießnitz (Thüringen),
Wohnhaus

Radibor (Sachsen),
Schule

Herzfelde (Brandenburg),
Kirche

Bannewitz (Sachsen),
Schule

Ruppendorf (Sachsen),
Bauernhof

Pölzig (Thüringen),
Kirche

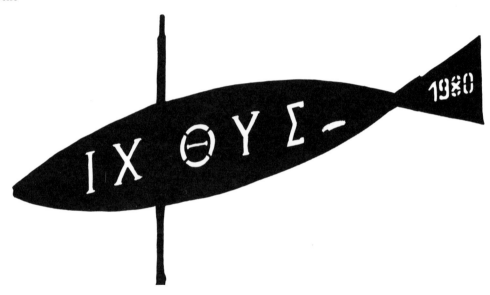

Pansfelde (Sachsen-Anhalt)

71

Bad Liebenstein (Thüringen),
Torhaus Altenstein

Dresden (Sachsen),
Schloßruine

Güstrow (Mecklenburg-Vorpommern),
Wohnhaus

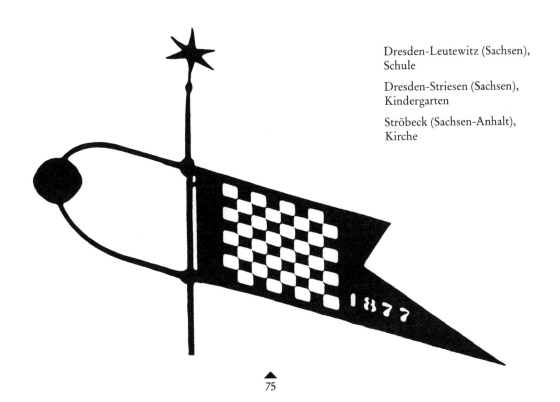

Dresden-Leutewitz (Sachsen),
Schule

Dresden-Striesen (Sachsen),
Kindergarten

Ströbeck (Sachsen-Anhalt),
Kirche

Oybin (Sachsen),
Gärtnerei

Neueibau (Sachsen),
Schule

Dresden-Klotzsche (Sachsen),
Wohnhaus

Dresden-Klotzsche (Sachsen),
Wohnhaus

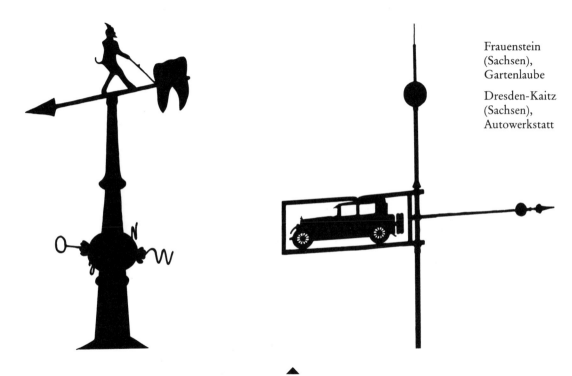

Frauenstein
(Sachsen),
Gartenlaube

Dresden-Kaitz
(Sachsen),
Autowerkstatt

Glashütte (Sachsen),
Kirche

Wachau (Sachsen),
Kirche

Ahrenshoop
(Mecklenburg-Vorpommern),
Wohnhaus

Dresden-Blasewitz (Sachsen),
Wohnhaus

Pretzschendorf (Sachsen),
Bauernhof

Dresden-Plauen (Sachsen),
Kirche

Seiffen (Sachsen),
Kirche

Leipzig (Sachsen),
Auerbachs Keller

87

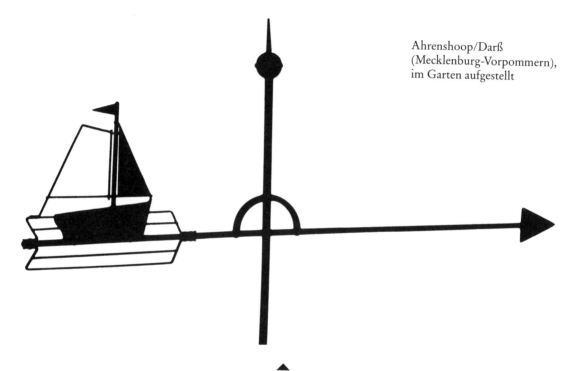

Ahrenshoop/Darß
(Mecklenburg-Vorpommern),
im Garten aufgestellt

Erläuterungen zu den Abbildungen

Das Alter vieler Wetterfahnen ist aus den in ihnen enthaltenen Jahreszahlen ersichtlich. – Die in Klammer nachgestellte Zahl bedeutet das Jahr der Fotoaufnahme. Es wurde angegeben, weil sich der Zustand einiger Wetterfahnen danach wesentlich verändert hat; manche von ihnen sind inzwischen leider schon viele Jahre ganz verschwunden.

Die fortlaufenden Ziffern verweisen auf die Seiten im Buch.

25 Bautzen (Sachsen), Reichenturm. Die Mauer mit den drei Zinnen in der Mitte der Wetterfahne stellt das Bautzener Stadtwappen dar. (1967)
26 Quedlinburg (Sachsen-Anhalt), Westecke der Stiftsgebäude auf dem Schloßberg. (1972)
27 Kirchohmfeld bei Worbis (Thüringen), Kirchturm. (1982)
28 Stralsund (Mecklenburg-Vorpommern), Heiligengeistspital, Klosterstraße. Silberner Pfeil und Kreuz sind Bestandteile des Stadtwappens. (1985)

29 Schmiedeberg bei Dippoldiswalde (Sachsen), Turm der Dreieinigkeitskirche, die 1713–1716 nach Plänen von George Bähr erbaut wurde. (1989)
30 Golberode bei Dresden (Sachsen), Nr. 15, Bauernhof. Diese Wetterfahne ist nicht mehr vorhanden. (1967)
30 Klingenberg bei Freiberg (Sachsen), Wetterfahne auf dem Turm der 1742 erbauten Dorfkirche. (1982)
31 Jänickendorf bei Fürstenwalde (Brandenburg), Kirchturm. (1966)
31 Pulsnitz (Sachsen), Rathaus. Die schwarze Bärentatze entspricht dem Stadtwappen von Pulsnitz. (1964)
32 Königsee bei Rudolstadt (Thüringen), Rathaus, 1719–1721 erbaut. In der Wetterfahne der Ritter aus dem Stadtwappen von Königsee. (1961)
33 Halberstadt (Sachsen-Anhalt), Am Frauenhaus 8. (1972)
34 Magdala bei Weimar (Thüringen), Kirchturm. Goldener Löwe und ein Gesicht sind Bestandteile des Stadtwappens. (1986)
35 Walldorf bei Meiningen (Thüringen), Kirchturm.

Eine schwarze Henne, die den einstigen Hennebergischen Besitz kennzeichnet, findet sich in diesem Gebiet mehrfach in Wetterfahnen und Stadtwappen. (1970)

36 Orlishausen bei Sömmerda (Thüringen), Kirchturm. (1983)

36 Richtenberg bei Stralsund (Mecklenburg-Vorpommern), Kirchturm. (1975)

37 Barchfeld bei Bad Salzungen (Thüringen), Kirchturm. (1970)

37 Dresden-Niedersedlitz (Sachsen), Lockwitztalstr. 39, einzeln stehendes Wohnhaus. (1964)

38 Neustadt/Dosse bei Kyritz (Brandenburg), Kirchturm. (1969)

39 Großenehrig bei Sondershausen (Thüringen), Kirchturm. Die Wetterfahne ist auf einem Turmknopf befestigt. Über einem zweiten Turmknopf ein feststehendes (jetzt schiefes) Kreuz. Zwischen beiden die hohe Stange des Blitzableiters. (1982)

40 Rabenau bei Dresden (Sachsen), Turm der St.-Egidien-Kirche. Der Neubau nach dem Brand im 30jährigen Krieg erfolgte 1640–1642. Ein schwarzer Rabe ist Bestandteil des Stadtwappens von Rabenau. (1987)

41 Dippoldiswalde (Sachsen), Turm der Stadtkirche. Der obere Teil des Turmes wurde 1685–1686 erbaut. In hebräischer Schrift das Wort ›Jahwe‹. (1986)

42 Wiek auf Insel Rügen (Mecklenburg-Vorpommern), auf dem Dachfirst der Kirche. (1985)

43 Herrengosserstedt bei Naumburg (Sachsen-Anhalt), Kirchturm. (1986)

44 Halberstadt (Sachsen-Anhalt), Turm der Martinikirche. Darstellung des heiligen Martin, der einem Bettler ein Stück seines Mantels abschneidet. (1972)

44 Heiligenstadt bei Worbis (Thüringen), vergoldete Wetterfahne auf der Kapelle St. Niklaus. (1982)

45 Neubrandenburg (Mecklenburg-Vorpommern), Kapelle St. Georg, Rostocker Straße. Wetterfahne mit der Darstellung des heiligen Georg auf dem Pferd, den Drachen tötend. (1962)

45 Zinnowitz auf Insel Usedom (Mecklenburg-Vorpommern), Promenade der Völkerfreundschaft, Reisebüro. (1962)

46 Lenz bei Großenhain (Sachsen), Turm der 1710 fertiggestellten Dorfkirche. 1973 war die Stange der Wetterfahne abgeknickt, die Wetterfahne mußte mit Seilen gesichert werden. Danach wurde sie abgenommen, repariert, neu vergoldet und wieder installiert. (1973, vor der Restaurierung)

47 St. Gangloff bei Stadtroda (Thüringen), Kirchturm. Auch bei dieser Wetterfahne ist ein angedeuteter Drachenkopf mit Zähnen erkennbar. Das Christus-Monogramm seitenverkehrt. (1986)

48 Plauen-Kleinfriesen (Sachsen), Falkensteiner Str. 45, ehemalige Schmiede von Karl Schneider. (1966)

49 Jonsdorf bei Zittau (Sachsen), Ernst-Thälmann-Str. 11, Schmiede und Schlosserei. (1967)

50 Radebeul bei Dresden (Sachsen), Heimatmuseum Schloß Hoflößnitz, Wetterfahne auf der Haube des Treppenturmes. (1967)

51 Glauchau (Sachsen), Wetterfahne mit dem Wappen der Familie v. Schönburg auf dem Dachfirst der St.-Georgen-Kirche. (1966) Der Mittelteil einer gleichen Wetterfahne vom Schloßturm Hinter-glauchau befindet sich im dortigen Museum.

52 Dresden-Tolkewitz (Sachsen), Alttolkewitz 22, Bauernhof. Die Darstellung des zweispännigen Pflügens auf Wetterfahnen ist relativ selten. (1985)

53 Görzig bei Beeskow (Brandenburg), Dorfschmiede. (1966)

54 Berthelsdorf bei Sebnitz (Sachsen), Nr. 23, Bauernhof. (1966)

55 Baßlitz bei Großenhain (Sachsen), Nr. 10, auf der Scheune eines Bauernhofes. (1980)

56 Waren bei Neubrandenburg (Mecklenburg-Vorpommern), Gievitzer Str., auf einem Gebäude des Mischfutterwerkes. (1964)

56 Meiningen (Thüringen), Anton-Ulrich-Str. 1, ehemalige Bäckerei. Diese Wetterfahne ist nicht mehr vorhanden. (1960)

57 Wernsdorf bei Geithain (Sachsen), Bauernhof. Mehrfarbige Wetterfahne. (1966)

58 Quatitz bei Bautzen (Sachsen), Feuerwehrhäuschen von 1926; die Fahne aus dem gleichen Jahr. (1960)

58 Dresden-Blasewitz (Sachsen), Sebastian-Bach-Str. 21, Wohnhaus. Darstellung des Baumeisters Karl

Ernst Scherz als gelernter Zimmermann. Die Jahreszahlen bedeuten den Bau des Hauses und den Dachausbau, bei dem die Wetterfahne errichtet wurde. (1961)

59 Niedergurig bei Bautzen (Sachsen), auf dem Giebel eines Wohnhauses. Wetterfahne jetzt nicht mehr vorhanden. (1960)

60 Radebeul bei Dresden (Sachsen), Karlstr. 10. Farbig gefaßte Wetterfahne auf einer Autogarage. (1962)

60 Breitungen bei Schmalkalden (Thüringen), Rat der Gemeinde. (1970)

61 Langenhessen bei Werdau (Sachsen), Crimmitschauer Str. 34, Bauernhof. (1961)

61 Dresden-Kleinpestitz (Sachsen), Eigenheimstr. 3, Wohnhaus. Das Haus wurde 1911 erbaut, die Wetterfahne im gleichen Jahr vom Besitzer (Eisenbahner) hergestellt und 1986/87 von dessen Sohn, der als Kind bei der Anfertigung geholfen hatte, restauriert. (1987)

62 Dresden-Kaitz (Sachsen), Kaitzer Weinberg 14, ehemaliges Weinberghäuschen. Das Gebäude ist stark verfallen, die durch Rost unbeweglich gewordene Wetterfahne befindet sich seit einem Sturmschaden im Jahr 1962, bei dem das Dach beschädigt und die Wetterfahne aus ihrer Verankerung gerissen wurde, in Verwahrung. Dargestellt werden die Kundschafter zu Kanaan mit der Riesenweintraube. Die aus Zinkblech geschnittene Jahreszahl wurde erst vor ca. 80 Jahren in die Aussparung der eisernen Fahne eingelegt. (1987)

63 Sacka bei Großenhain (Sachsen), Nr. 30, Bauernhof. (1987)

64 Saßnitz auf Insel Rügen (Mecklenburg-Vorpommern), Seemannsheim des Fischwerkes Saßnitz. (1962)

64 Zinnowitz auf Insel Usedom (Mecklenburg-Vorpommern), Promenade der Völkerfreundschaft, Haus »Am Meer«. (1962)

65 Ahlbeck auf Insel Usedom (Mecklenburg-Vorpommern), Promenade, auf der 1911 errichteten Standuhr am Zugang zur Seebrücke. Diese Wetterfahne wurde 1978 restauriert. (1962)

65 Meißen (Sachsen), Wilhelm-Pieck-Str. 5, am Elbufer. (1964) Eine gleichartige Wetterfahne findet sich in Pirna-Posta, auf einer Gaststätte an der Elbe.

66 Griesbach bei Schneeberg (Sachsen), Schule. (1960)

67 Frauenprießnitz bei Jena (Thüringen), Karl-Marx-Str. 11, ehemaliges Wohnhaus des Lehrers Brömel. Die Wetterfahne entstand um 1860, sie stellte den Lehrer Brömel dar. Diese Wetterfahne ist nicht mehr vorhanden. (1960)

68 Radibor bei Bautzen (Sachsen), Schule. (1964)

68 Herzfelde bei Berlin (Brandenburg), Kirchturm. (1966)

69 Bannewitz bei Dresden (Sachsen), Schule. 1974 lockerte sich eine der Figuren und ging verloren, seit 1981 fehlen beide. (1963)

69 Ruppendorf bei Dippoldiswalde (Sachsen), Bauernhof. Wetterfahne jetzt nicht mehr vorhanden. (1960)

70 Pölzig bei Gera (Thüringen), Kirchturm. Die Anfangsbuchstaben der griechischen Worte für ›Jesus Christus, Gottes Sohn, Erlöser‹; diese bilden das griechische Wort ›Fisch‹. Wetterfahne 1980 restauriert. (1987)

71 Pansfelde/Ostharz (Sachsen-Anhalt), Lange Str. 2. (1972)

72 Bad Liebenstein (Thüringen), Torhaus des Schlosses Altenstein. (1970)

73 Dresden, (Sachsen), Ruine des Dresdener Schlosses. Wetterfahne auf dem Giebel über einem Treppenhaus an der Nordfassade, neben dem Georgentor. Noch 1990 an gleicher Stelle zu sehen. (1985)

73 Güstrow bei Schwerin (Mecklenburg-Vorpommern), Domstr. 2, Wohnhaus. (1964)

74 Dresden-Leutewitz (Sachsen), Uhrtürmchen der Oberschule Warthaer Str. 60. Die Wetterfahne stammt vermutlich aus dem Jahr 1911; sie wurde 1982 restauriert. (1968)

74 Dresden-Striesen (Sachsen), Mansfelder Str. 22. Das niedrige Gebäude wurde 1955 als Kindergarten erbaut; die Wetterfahne stammt aus dem gleichen Jahr, ist jedoch jetzt durch inzwischen hochgewachsene Bäume verdeckt. (1958)

75 Ströbeck bei Halberstadt (Sachsen-Anhalt), Kirchturm. Schachbrett mit der Jahreszahl 1877, dem

Baujahr der Kirche. In dieser Gemeinde ist das Schachspiel Tradition und sogar Schulfach. (1972)

76 Kurort Oybin bei Zittau (Sachsen), Gärtnerei Josef Dobiasch. Diese Wetterfahne wurde 1956 anläßlich des 30jährigen Bestehens der Gärtnerei errichtet. (1967)

77 Neueibau (Sachsen), Schule. Dieses Gebäude wurde 1906 im Dresdener Ausstellungsgelände errichtet und kam dann 1907 hierher. (1981)

78 Dresden-Klotzsche (Sachsen), Zur neuen Brücke 6. Wohnhaus, um die letzte Jahrhundertwende erbaut. Die Wetterfahne ist nicht mehr vorhanden. (1961)

78 Dresden-Klotzsche (Sachsen), Goethestr. 19, im Jahr 1901 erbautes Wohnhaus. Die Wetterfahne ist nicht mehr vorhanden. (1961)

79 Frauenstein (Sachsen), Freiberger Str. 31, auf der Gartenlaube eines Zahnarztes. Die Teile der Wetterfahne sind plastisch gearbeitet und waren farbig (rot und weiß) gefaßt. (1954)

79 Dresden-Kaitz (Sachsen), Possendorfer Str. 26, an einem Ende des Dachfirstes; die Windrose befindet sich separat auf dem anderen Ende des Dachfirstes. Ursprünglich war in diesem Gebäude eine Borgward-Autoreparatur. Die Wetterfahne wurde 1986 restauriert und mehrfarbig gestaltet. (1957)

80 Glashütte (Sachsen), Turm der Stadtkirche. Wetterfahne mit Schlägel und Eisen als Symbol einstigen Bergbaues (das auch Bestandteil des Stadtwappens ist) sowie dem sächsischen Wappen. (1978)

81 Wachau bei Radeberg (Sachsen), Kirchturm. Wetterfahne 1981 restauriert. Sie enthält u. a. die Initialen von Hauptmann und Kammerjunker Hans Adolph von Oppell sowie einen »wachenden Kranich« aus dem Ortswappen. (1987)

82 Ahrenshoop/Darß (Mecklenburg-Vorpommern), Grenzweg 2. Wetterfahne aus Holz auf einem schilfgedeckten Wohnhaus. (1969)

83 Dresden-Dölzschen (Sachsen), ehemal. Hüttenschänke im Eisenhammerwerk, Tharandter Str. 200. 1821 hatten K. A. Richter und Ch. F. Pleißner (= R & P) den Eisenhammer übernommen. Die Wetterfahne wurde 1971 neu vergoldet. (1965)

84 Dresden-Blasewitz (Sachsen), Wägnerstr. 12,

Wohnhaus um die letzte Jahrhundertwende. (1984)

85 Pretzschendorf bei Dippoldiswalde (Sachsen). Diese Wetterfahne befand sich ursprünglich auf der Scheune eines Bauernhofes; sie wurde vor einigen Jahren vom Schuttabladeplatz geborgen. Motiv einer Serienfertigung, ca. 1935 hergestellt, von der sich in Sachsen und Ostthüringen noch jetzt zahlreiche Exemplare finden lassen. (1985)

86 Dresden-Plauen (Sachsen), Turm der 1902 erbauten Auferstehungskirche. (1985)

86 Seiffen/Erzgebirge (Sachsen), Kirchturm. Wetterfahne mit einem Bergmann und den Initialen der Herren von Schönberg; 1981 nach dem alten Modell neu angefertigt. (1981)

87 Leipzig (Sachsen), Grimmaische Str. 2–4, auf dem Dachfirst des Messehauses Mädlerpassage. Die Wetterfahne mit der Faust-Szene nimmt auf das hier befindliche Restaurant »Auerbachs Keller« Bezug; um 1970 wurde sie restauriert und neu vergoldet. (1989)

88 Ahrenshoop/Darß (Mecklenburg-Vorpommern), Siedlung am Hohen Ufer Nr. 20. Diese Wetterfahne steht nicht auf einem Gebäude, sondern im Garten auf einer Stange. Die Wetterfahne wurde 1965 von Kunstschmied Bergmann in Dresden angefertigt. (1966)

Börtitz, Siegfried
Alte Wetterfahnen. – 1. Aufl. – Leipzig:
Seemann Verl., 1991. – 96 S. : 83 Ill. ;
18 × 11,5 cm

ISBN 3-363-00521-0

Lizenz-Nr. 460
Satz und Repro: Förster & Borries Satz-Repro-GmbH Zwickau
Druck und Buchbinderei: Chemnitzer Verlag und Druck GmbH
Grafische Werke Zwickau
Bestell-Nr. 506 023 4